The Spots On The Jaguar
A Counting Book

Written by Tom Luna
Illustrated by Laura Alvarez

Un libro para contar
Las Manchas En El Jaguar

Escrito por Tom Luna
Ilustrado por Laura Alvarez

Lectura Books
Los Angeles

Once upon a time there was
a jaguar who lived in the jungle.
She had many beautiful spots
on her body.
Let's count the spots
on the jaguar, one by one.

Érase una vez un
jaguar que vivía en la selva.
Ella tenía muchas manchas
bellas en su cuerpo.
Contemos las manchas
en el jaguar, una por una.

0

Zero.

Zero is nothing.

Do you see any spots on the jaguar?

Cero.

Cero es nada.

¿Ves algunas manchas en el jaguar?

One.

One is a single spot.

Do you see one spot on the jaguar?

Uno.

Uno es una sola mancha.

¿Ves una mancha en el jaguar?

Two.

One and one are two.

Two things. Two spots.

How many spots do you see on the jaguar?

Dos.

Uno y uno son dos.

Dos cosas. Dos manchas.

¿Cuántas manchas ves en el jaguar?

Three.

Three is one more than two.

Two plus one is three.

How many spots do you see?

Tres.

Tres es uno más que dos.

Dos más uno son tres.

¿Cuántas manchas ves?

Four.

Two and two are four.

Look. There are four spots on the jaguar.

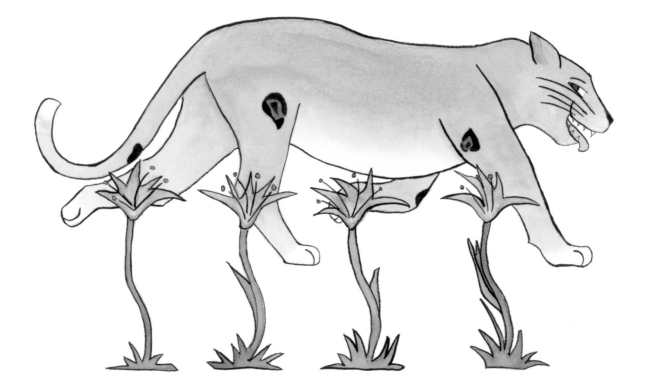

Cuatro.

Dos y dos son cuatro.

Mira. Hay cuatro manchas en el jaguar.

5

Five.

Three and two are five.

Four and one are five.

You have five fingers on your hand.

Now, the jaguar has five spots.

Cinco.

Tres y dos son cinco.

Cuatro y uno son cinco.

Tú tienes cinco dedos en tu mano.

Ahora, el jaguar tiene cinco manchas.

Six.

Three and three equal six.

Four and two are six.

Five and one are six.

How many spots can you count on the jaguar?

Seis.

Tres y tres suman seis.

Cuatro y dos son seis.

Cinco y uno son seis.

¿Cuántas manchas puedes contar en el jaguar?

7

Seven.

Three and four are seven.

Six and one are seven.

There are seven spots on the jaguar.

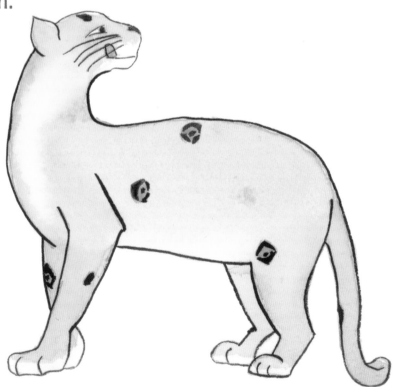

Siete.

Tres y cuatro son siete.

Seis y uno son siete.

Hay siete manchas
en el jaguar.

8

Eight.

Eight is the number after seven.

Four and four equal eight.

The jaguar has eight spots.

Ocho.

Ocho es el número después del siete.

Cuatro y cuatro suman ocho.

El jaguar tiene ocho manchas.

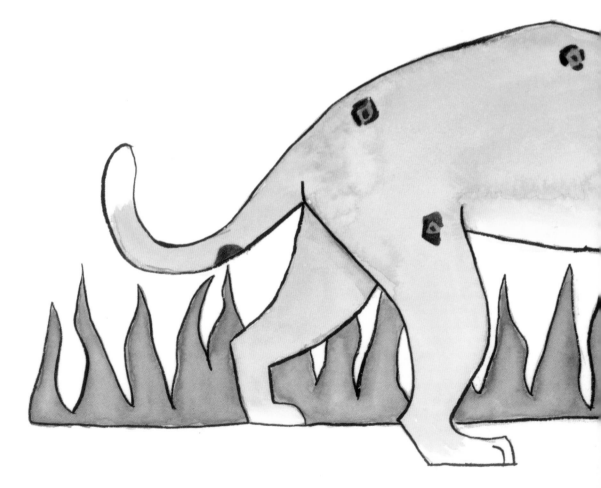

Nine.

Four and five are nine.

The jaguar has how many spots?

Nueve.

Cuatro y cinco son nueve.

¿El jaguar tiene cuántas manchas?

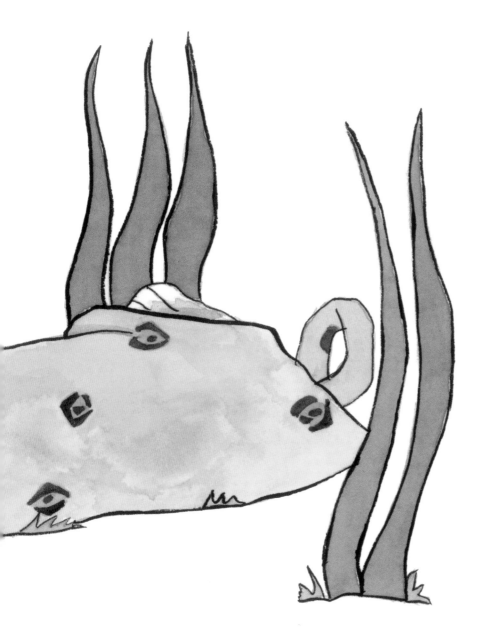

10

Ten.

You have ten toes.

The jaguar is happy. She has ten pretty spots, and that helps her blend right into the jungle.

Diez.

Tú tienes diez dedos en los pies.

El jaguar está feliz. Ella tiene diez manchas bonitas, y eso la ayuda a desaparecerse entre los colores de la selva.

Count with me
How many jaguars do you see?

Cuenta conmigo
¿Cuántos jaguares ves?